LA MÉMOIRE INQUIÈTE

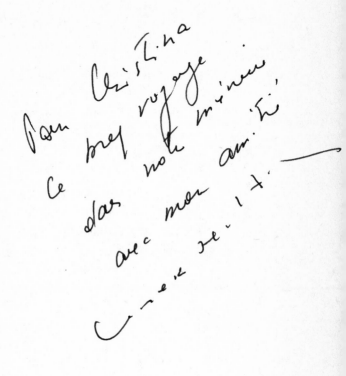

DU MÊME AUTEUR

Chez le même éditeur

La Mémoire d'Abraham, 1983
Prix Livre Inter 1984
Les Fils d'Abraham, 1989
Un homme, un cri, 1991

Chez d'autres éditeurs

Le Fou et les rois, Albin Michel, 1976
Prix Aujourd'hui 1976
Mais, avec Edgar Morin, Oswald-Néo, 1978
La Vie incertaine de Marco Mahler,
Albin Michel, 1979

MAREK HALTER

LA MÉMOIRE INQUIÈTE

*Il y a cinquante ans :
le ghetto de Varsovie*

ROBERT LAFFONT

ISBN 2-221-07667-2

*En hommage à mon grand-père
Abraham, qui espérait que sa mort
dans le Ghetto resterait dans la
mémoire des hommes comme un
enseignement, et à tous ceux qui
meurent aujourd'hui de la violence
des hommes, qui n'ont encore rien
appris.*

« Car demande à la génération précédente,
et sois attentif à l'expérience de leurs pères
puisque nous sommes d'hier et ne savons pas,
puisque nos jours sur terre sont une ombre,
n'est-ce pas eux qui t'instruiront, qui te parleront,
et qui de leur cœur extrairont des mots ? »

Job, 8, 8.

« La mémoire est la sentinelle de l'esprit. »

Shakespeare, *Macbeth*, I, 7.

Amalek

Je suis né dans la mémoire. Le Talmud raconte que l'enfant dans le ventre de sa mère ressemble à un livre fermé qui s'ouvre à sa naissance et se remplit progressivement au long de sa vie.

La mémoire fut mon berceau. Mon enfance fut rythmée par ce mot «*Zakhor*» : «Souviens-toi.» Souviens-toi que le mal existe, qu'il est déclaré dans les textes sacrés et qu'il peut se manifester à tout moment et sous toute forme. Dans la Bible le mal qui nous menace est représenté par un peuple destructeur : Amalek. Peuple multiple, Amalek peut demain prendre le visage de notre voisin.

Sur l'ordre du roi Nabuchodonosor, le général babylonien Névuzradan détruisit le premier Temple de Jérusalem, symbole de vie et d'espoir du peuple juif, le 9e jour du mois d'Av. Six siècles plus tard, Titus, général romain, détruisit le second Temple de Jérusalem le 9e jour du mois d'Av. Et il en fut ainsi de toutes les destructions ultérieures.

Par sa répétition, cette date fatidique constitue ainsi pour les Juifs un repère fixe dans le cours fuyant du temps. De même, selon les Écritures, tous les Juifs de tous les temps étaient présents au pied du mont Sinaï lorsque Moïse apporta les tables de la Loi. Aussi, ma mémoire, celle de mes parents, des parents de mes parents, de génération en génération, connaît-elle l'existence du mal qui possède l'homme, et la Loi qui fut donnée pour l'en préserver.

«L'histoire est un enseignement», disait Ba'al Shem Tov, le créateur du hassidisme. Et qu'enseignent donc les livres sacrés, sinon l'éternelle histoire du mal et de la loi qui permet d'en triompher ? Et dès lors, pourquoi ne tirons-nous pas plus de profit de cette connaissance ?

Pour m'enseigner, mon grand-père Abraham me racontait une célèbre histoire hassidique : «Un païen interroge un Juif à propos de son fameux *Pardes*, le Paradis. Comme il insiste, le Juif promet de l'y emmener et, pendant son sommeil, il entre dans le rêve du païen et le conduit à travers la ville jusqu'à un jardin : des arbres, des fleurs, quelques pièces d'eau. Le païen est surpris par la modestie des lieux et surtout par l'absence de tout être humain.

«C'est tout? demande-t-il.

– C'est tout», dit le Juif.

Soudain, ils voient un vieillard assis sur un banc, un livre volumineux sur les genoux.

«Qui est-ce? demande le païen.

– Ah, c'est l'un de nos grands Sages, Rabbi Akiba, répond le Juif.

– Et qu'a-t-il fait pour mériter le Paradis?

– Il enseignait et il lisait. Il a lu presque tous les livres...

– Et que fait-il à présent?

– Il lit.

– Quelle est donc la nouveauté?

– C'est que maintenant il comprend ce qu'il lit.»

Et nous-mêmes, quand donc comprendrons-nous? Faudra-t-il attendre la fin des temps pour tirer un enseignement de ce que nous savons depuis toujours?

Le buisson ardent

Dans son testament, écrit en prison, l'historien et résistant Marc Bloch évoque son attachement aux valeurs enseignées par les prophètes d'Israël, il y a deux mille ans, avant de s'écrier en tombant sous les balles nazies : «Vive la France!»

En deux phrases, Marc Bloch traverse les siècles : il oppose l'universalité du temps à la spécificité de l'espace.

Chacun de nous occupe une parcelle de territoire qui peut un jour être revendiquée par d'autres. Mais nul ne possède le temps. Le temps est comme le buisson ardent de la Bible, il ne se consume jamais. Il est fragmenté par notre mémoire qui n'y place des bornes que pour mieux se repérer ; qui sélectionne aussi et qui, comme le dit Paul Valéry, «donne le sens à la durée».

Aujourd'hui, à nouveau, cinquante ans après la Deuxième Guerre mondiale, l'attachement à l'espace semble prévaloir : des Balkans au Caucase, des pays d'Afrique à ceux du Proche-Orient, sans parler de l'Asie, partout on revendique ce qui nous sépare et on gomme ce qui nous unit.

Je me suis toujours demandé à quoi se rapportait la mémoire pour sélectionner les événements dans le temps. A Dieu, répond l'historien Yosef Hayim Yerushalmi, à la présence ou à l'intervention de Dieu. Et au plan laïque, à la morale. L'idée que sans morale l'histoire est inutile, puisqu'elle ne peut servir d'enseignement, m'a accompagné pendant toute mon enfance : du ghetto jusqu'aux confins du désert de Karakoum. Et m'a rendu proche la pensée selon laquelle « la mémoire est la source de la libération, et l'oubli la racine de l'exil ».

Un violent désir d'ancêtres

Quand, en 1950, je suis arrivé en France, la notion de mémoire, telle que nous la concevons aujourd'hui, n'était pas encore de mise. En ce temps-là, les Juifs étaient à nouveau des «Israélites» et chaque fois que, répondant à la curiosité de mes amis, je me disais Juif, je provoquais de longs silences embarrassés. Dans une société qui voulait oublier, ma mémoire tragique irritait.

J'étais arrivé à un mauvais moment. Les Français, incommodés par quatre années d'occupation, aspiraient à la paix. Mais moi, qui avais tout perdu, j'avais comme Kafka «un violent désir d'ancêtres». Désir dont certains croyaient encore qu'il «nuit au vivant et qu'il finit par le détruire, qu'il s'agisse d'un homme, d'une nation ou d'une civilisation[1]». Oui, pour la gauche alors comme

_____
1. Nietzsche, *Considérations inactuelles*.

17

pour la droite, la mémoire appartenait surtout aux esprits lourds et bornés. Dans une certaine droite, on la craignait. Elle était subversive, et l'oubli purificateur. Vichy, la collaboration, la délation étaient trop proches, trop présents, et marqués par l'ignominie et la honte. On n'osait pas encore assimiler la mort précoce d'un Brasillach à celle « de Mozart, Watteau, Chénier, des généraux imberbes vendéens ou révolutionnaires, du duc d'Enghien[2] ». A droite, on se consacrait par préférence à la lutte contre le communisme. Dans la gauche militante, au contraire, on vibrait avec la révolution chinoise, on accueillait avec enthousiasme l'offensive du Viêt-minh et on applaudissait aux nationalisations du docteur Mossadegh. On chantait aussi : « Du passé faisons table rase... » Quant aux Juifs, occupés à accomplir le travail du deuil, ils n'avaient d'oreilles que pour les nouvelles venues d'Orient où se construisait, pensaient-ils, le seul avenir susceptible de compenser leur perte. Seule la science s'interrogeait sur la mémoire, mais c'était pour discuter les thèses d'Ebbinghaus et de Piaget. Bref, j'étais en porte à faux.

Avant d'arriver en France, je ne savais pas ce

2. T. Maulnier.

18

qu'était la démocratie. Je n'avais connu jusqu'alors que les rigueurs des systèmes totalitaires nazi et stalinien. J'eus beaucoup de peine à m'adapter et à apprendre la langue de ma nouvelle patrie. Je peux dire aujourd'hui que j'ai appris la liberté avec le français. Et cette double conquête me chargeait d'un devoir : celui de témoigner. Car je ne pouvais, avec ma nouvelle nationalité, commencer à penser, sentir, agir comme si le monde qui m'avait fait naître n'avait jamais existé.

On dit que, à l'automne 1913, Franz Rosenzweig, sur le point de se convertir au christianisme, récupéra son héritage hors de tout recours à l'histoire, mais au contraire grâce à une expérience beaucoup plus décisive qu'il fit dans une synagogue orthodoxe à Berlin, le jour du Kippour. Mais qui nous dira pourquoi Franz Rosenzweig entra ce jour-là dans cette synagogue-là s'il n'était mû par cette mémoire collective qui est à la fois ressort de fidélité et enseignement permanent ?

Survivant d'une civilisation perdue qui refuse l'indifférence au mal et sa banalisation, engagé dans une époque où il n'y a plus d'évasion possible hors du présent et, enfin, disposant d'une langue et du droit de l'utiliser, j'ai tenté, tout naturellement et comme j'ai pu, pendant des années, de me battre avec d'autres pour tous les damnés de la terre et même contre «cette damnation que les damnés eux-mêmes sont parfois prêts à oublier[3]». Bref, je me suis battu contre l'amnésie. Certes, je n'étais pas seul, mais j'étais l'un des rares à le faire avec cet accent-là, à rappeler ces événements-là, à penser cette culture-là. J'ai donc pu en étonner quelques-uns pour qui la terre s'arrête à leur porte, en irriter d'autres dont l'universalité ne s'exprime que par Voltaire et Rousseau, et même me donner de vrais ennemis, et qui n'appartiennent pas tous au clan des prêtres de l'oubli.

Aussi m'est-il arrivé comme à tant d'autres de désespérer, de m'interroger... Mais mon histoire personnelle n'a pas grand intérêt ici, si ce n'est pour tenter d'illustrer l'évolution du mot «mémoire» en France depuis plus de trente ans. Car il est vrai qu'on ne l'a jamais autant évoqué qu'aujourd'hui ce mot, aussi bien dans des conversations privées, dans des articles que dans les discours des hommes politiques. C'est que le rappel du passé, de plus en plus fréquent dans les médias, même s'il n'a pour fonction que de nous divertir, véhicule l'idée d'un homme universel dont le temps n'a modifié ni le visage ni les pré-

---

3. V. Grossman, *Vie et Destin*.

occupations, et nous rend familière cette interpellation de Job : «Demande à la génération précédente et sois attentif à l'expérience de leurs pères puisque nous sommes d'hier et ne savons pas...»

L'oubli et la mort

Les jours de l'homme sont plus rapides que « la navette du tisserand », dit Job. Nous voici cinquante ans après Auschwitz. Le temps pour deux générations de naître et pour les témoins de disparaître. Le temps que les atrocités nouvelles recouvrent les horreurs passées. Le temps pour la mémoire de devenir histoire. La mémoire est sélective et les hommes préféreraient oublier ce qui les trouble. Dans la plupart des pays du monde, Auschwitz n'est toujours pas inscrit dans les manuels scolaires. Certains essaient même d'en nier la réalité, comme s'ils craignaient d'affronter, au-delà du temps, le jugement de leurs descendants.

C'est aujourd'hui que, dans la profondeur de la conscience humaine, se décide l'avenir d'un mot qui a terrifié le monde d'après-guerre : Auschwitz. Ce mot restera-t-il dans la mémoire comme une malédiction, un tabou, un interdit à ne pas transgresser sous peine de plonger l'humanité dans les ténèbres ? Sera-t-il amputé de sa singularité ou dissous dans l'océan de la souffrance universelle ? Disparaîtra-t-il définitivement dans les salles obscures d'un panthéon où règnent les dieux de l'oubli et de la mort ?

La mémoire constitue l'un des repères, l'un des éléments de l'identité individuelle et collective. Et si «l'histoire est toujours contemporaine», comme le disait Benedetto Croce, la mémoire l'est aussi.

C'est donc à nous, hommes de plume et de parole, qu'il incombe, malgré les vagues répétées de l'oubli, d'expliquer sans relâche en quoi ce meurtre accompli contre les Juifs pour la simple raison qu'ils étaient juifs représente une atteinte absolue au statut de chacun d'entre les hommes.

Kafka croyait, avec Homère, que l'on peut survivre au chant des sirènes. Mais, ajoutait-il, pas à leur silence. A ce crime innommable, beaucoup d'écrivains ne trouvèrent à opposer que le silence. Selon Adorno, après Auschwitz la poésie devait se taire.

Suivant la très ancienne tradition à laquelle j'appartiens, lorsqu'un homme a une histoire d'homme à raconter, même si elle est dramatique, surtout si elle est dramatique, il doit la partager : elle peut servir d'enseignement à toute l'humanité. Et si cette tradition honore le silence cher à Kafka, elle glorifie surtout la dignité de la parole, même foudroyée, comme en témoigne le beau cri du *Moïse* de Schönberg : «Mot, ô mot qui me manque!»

N'est-ce que l'absurde ambition d'un écrivain, ou le rêve fou d'un conteur oriental, que de vouloir toucher le cœur des hommes avec le récit d'événements réels et plus ou moins anciens?

Il semble pourtant que la troisième génération de l'après-guerre, celle des petits-enfants des témoins et des victimes, celle que l'on croyait hier encore uniquement branchée sur les walkmans, est en réalité tout aussi attentive à cette mémoire où se mêlent l'histoire reculée, l'histoire immédiate et les leçons qu'on peut en tirer.

Certains ont cru que les jeunes des années quatre-vingt-dix, orphelins des «grands espoirs», étaient définitivement perdus pour la culture elle-même. Erreur. Ces jeunes sont simplement les premiers à rejeter le monde des idées infaillibles, dont chacune, comme disait le poète Benjamin Fondane déporté à Drancy, «a au moins cent mille meurtres sur la conscience». Un monde marqué par la quête d'une vérité unique, immuable, interdit de doutes et qui a fini par accoucher de cette sinistre trilogie : Auschwitz, Hiroshima et le goulag.

Ces enfants qu'on a vus s'engager contre la faim en Somalie et pour Sarajevo, pour l'égalité à l'université et contre le racisme, peut-on imaginer qu'ils vont se détourner de la mémoire tragique des enfants juifs de Varsovie ?

La nuit

Varsovie... Depuis le jour où, après la guerre, j'ai marché parmi les ruines de la ville, au bord de la Vistule, Varsovie n'est plus dans ma mémoire qu'un album de photos calcinées. L'une ou l'autre parfois s'anime. Alors, dans les cris des sirènes, le sifflement des bombes, les Juifs se mettent à courir, les maisons brûlent, les femmes pleurent, les uniformes vert-gris envahissent la rue, passent et repassent devant nous qui faisons la queue pour un morceau de pain. Un jour, ils ont attrapé devant notre porte un vieux à barbe blanche que ma mère avait tenté de sauver d'une rafle ; ils l'ont traîné par les pieds sur les marches de marbre où son cerveau éclaté laissait des traces jaunâtres.

Quand nous sommes venus, bien après tout cela, nous installer à Paris, comme j'ai pu envier l'insouciance de mes camarades de l'École des beaux-arts ! Ils n'avaient pour la plupart dans leurs souvenirs que des jours ordinaires, pleins de rendez-vous, de tendresse, de vacances – d'innocence. Sans doute avaient-ils connu l'occupation, le rationnement, l'inquiétude pour l'un ou l'autre des leurs. Mais pas ce tremblement de terre qui nous arrachait nos racines et nous livrait, désarmés, à nous ne savions quels vents. Notre seul projet était de survivre.

Il y eut d'abord trois semaines de bombardements, avec juste assez de répits pour que nous puissions rêver. Ainsi, quand nous crûmes que les Russes venaient à notre secours, les gens se mirent à danser dans les rues. Personne n'était autant capable d'espoir que les Juifs de Varsovie. Mais, suivant les accords germano-russes, si l'Armée rouge occupa effectivement une partie de la Pologne, Varsovie passa sous le contrôle allemand, et les bombardements reprirent.

Un jour, une tante vint nous prévenir, affolée, que la maison de mes grands-parents avait été coupée en deux par une bombe. Mon grand-père, qui priait dans une chambre du fond, s'était retrouvé perché, seul, comme dans un décor de théâtre, au troisième étage d'un bâtiment sans façade. Je ris beaucoup. Ma mère me faisait les gros yeux, mais je ne pouvais m'empêcher de rire – et ce fut peut-être le dernier rire de mon enfance.

Les Allemands occupèrent Varsovie. Une peur lourde, obsédante, prit la ville. Ma tante Ruth mourut. D'une maladie qui n'avait rien à voir avec les Allemands, mais enfin elle mourut.

«C'est quoi, la mort?» demandai-je à ma mère.

– Ta tante est morte, cela veut dire que tu ne pourras plus jamais la voir.

– Et vous?

– Nous non plus. Personne ne pourra plus jamais la voir.»

Une autre fois, au coin de notre rue, des gens qui avaient faim découpèrent en petits morceaux un cheval qui avait reçu un éclat de bombe :

«Ça ne lui fait pas mal? demandai-je

– Mais non, puisqu'il est mort.»

Je ne voulais pas qu'on me découpe en petits morceaux, comme le cheval. Je ne voulais pas être invisible, comme la tante Ruth. Je ne voulais pas être mort.

Varsovie commençait à s'organiser une nouvelle vie. Les Juifs réquisitionnés déblayaient les rues. Les brigades spéciales de l'armée allemande patrouillaient. Elles ne s'en prenaient encore qu'aux hommes : les plus jeunes pour les envoyer «travailler» en Allemagne, les plus vieux pour leur propre distraction. Les barbes et les papillotes des Juifs religieux surtout les amusaient : ils y mettaient le feu. Une fois, j'en vis un dont le visage était en flammes. Dès que les Allemands l'abandonnèrent, des voisins se précipitèrent avec des couvertures. C'était trop tard : il ne restait de son visage qu'un magma de chairs boursouflées.

Toute cette période m'apparaît aujourd'hui comme une longue nuit confuse, pourtant trouée d'images nettes, de souvenirs précis de visages, de paroles entendues, de moments.

La plupart de ces images sont celles de gens portant des sacs, des paquets, des valises, cortège d'errants cherchant un foyer. La famille s'augmenta d'une foule de cousins que je ne connaissais pas. Ils avaient fui un village dont j'ai oublié le nom. Leurs maisons avaient brûlé. Ils n'avaient pu sauver que quelques affaires, qu'ils trimbalaient dans des paniers d'osier fermés par des ficelles.

C'est aussi le balluchon sur l'épaule que les hommes commencèrent alors à quitter la ville, les uns pour gagner la frontière soviétique, les autres pour prendre le maquis, dont les premiers groupes, essentiellement des nationalistes pro-anglais, commençaient à s'organiser – les communistes ne devaient les rejoindre qu'après le début de la guerre germano-soviétique. Mais dans le maquis on n'aimait pas non plus les Juifs et beaucoup furent assassinés par des paysans ou même des maquisards polonais.

A Varsovie, ceux qui avaient de l'argent pouvaient acheter « de l'autre côté » quelques légumes, du pain et du sucre. Mais les prix qu'on faisait aux Juifs étaient tels qu'ils abandonnèrent vite. Les plus aisés avaient un moment cru pouvoir se faire héberger par des Polonais de Varsovie et des environs. Mais on disait que la plupart avaient été dépouillés de tout ce qu'ils possédaient et livrés à la Gestapo. Dans les secteurs frontières, les Polonais nous échangeaient des quignons de pain pour des couverts en argent, un peu de farine pour des meubles.

Leur hostilité nous isolait aussi sûrement que ce mur dont nous n'osions franchir les portes. Qui sortait n'était jamais assuré de pouvoir revenir : à mourir pour mourir, on préférait rester parmi les siens.

Il faisait froid. Nous entendions, dans les rues, des enfants pleurer. La faim, la peur. J'avais envie de partager quelque chose avec eux. Mais quoi ? Nous n'avions plus rien. Je pleurais aussi. Les gens qui habitaient chez nous se bouchaient les oreilles. Seul un vieux cousin restait tranquillement à prier dans son coin. «Il a de la chance d'être sourd», disait la dame qui était une cousine. Je me rappelle très bien sa voix quand elle disait : «Ils vont à la mort», en voyant passer les convois d'hommes qu'on emmenait en Allemagne. Elle disait cela comme elle aurait dit l'heure qu'il était, sans un mot qui dépasse. Ou encore : «Tu as faim, petit. Ne t'en fais pas, tu t'habitueras. On s'habitue à tout.»

A ce moment-là, mon oncle Felek vint nous chercher avec des amis de mon père, imprimeurs catholiques. Ils nous menèrent à un terrain vague où nous suivîmes des rails de chemin de fer. Il fallut encore marcher un moment avant de rejoindre un train de marchandises qui partit bientôt. Nous étions dans un wagon de bétail, enfouis sous un tas de paille que bouffaient les vaches. La nuit, le train s'arrêtait à toutes les gares. Les portes s'ouvraient et de puissantes lumières balayaient l'intérieur du wagon. Je me blottissais contre ma mère. Elle mettait sa main sur ma bouche pour m'empêcher de parler. Mais je savais que nous nous cachions et j'aurais voulu arrêter les battements de mon cœur, qui me semblaient retentir comme les cloches de l'église de la rue Novolipki, devant nos fenêtres. Il y avait des appels, la locomotive sifflait, le convoi repartait et je me rendormais.

La dernière fois que le train s'arrêta, les portes s'ouvrirent en grand, des hommes montèrent, nous empoignèrent et nous jetèrent dehors. J'étais ébloui par les projecteurs et abasourdi par les cris. Le long des quais, des soldats allemands couraient derrière des chiens. «Les Juifs à gauche! Les Polonais à droite!» répétait un haut-parleur.

«Vous êtes juifs?», nous demanda un officier en pointant un revolver sur mon oncle.

Mon oncle était grand, blond et fort comme un aryen de propagande. Il eut un étonnant réflexe :

«Avez-vous du feu?», demanda-t-il à l'officier en sortant un paquet de cigarettes de sa poche.

L'officier fut surpris. Après un instant d'hésitation, il remit le revolver dans son étui et se tourna pour chercher un briquet. A ce moment, une main m'attrapa le bras et me tira sous le wagon. Nous entendîmes des coups de fusil. Des gens se mirent à fuir dans tous les sens. C'était la pagaille. Avec mes parents, leurs amis et mon oncle, nous courûmes longtemps, dans des champs, dans des forêts. Moi, comme une machine détraquée, je me répétais sans fin : «Quand je serai grand, je ne le permettrai plus, quand je serai grand...»

Aujourd'hui que je suis grand, je ne peux penser à ce naïf espoir d'enfant sans remords, sans honte.

Spinoza disait que l'espérance était «une joie instable née d'une idée dont nous doutons dans une certaine mesure». Peut-être. Parfois. Mais quand, enfant à Varsovie, je pensais pouvoir, une fois adulte, remédier au mal parce que j'en avais connaissance, parce que je pouvais reconnaître son visage et même déceler son odeur, je le croyais. Je ne doutais pas. C'est aujourd'hui que je m'interroge sur le pouvoir prophylactique de la mémoire, sur la protection que nous offre le savoir. Et je me demande si les images du ghetto de Varsovie sur les écrans des télévisions du monde auraient changé le cours des événements. Si le fait que personne n'aurait pu dire «Je ne savais pas» aurait sauvé de la mort les millions d'enfants juifs.

Que répondre? Oui et non. Non, parce que depuis, malgré nos témoignages, nous n'avons pas su protéger les hommes de la haine de l'autre, de la guerre et des massacres fratricides. Oui, parce que nous arrivons aujourd'hui, malgré tout, grâce précisément à ce savoir, à sauver de la mort et de la famine des milliers d'enfants, des milliers de vies.

Oh, je sais : nous sommes loin, très loin de mes

rêves d'antan, mais peut-être en histoire comme en littérature il faut «laisser le temps au temps». Cinquante ans, ce n'est dans l'espace du temps, qu'un petit grain de sable dans le désert, cinquante ans, cela représente aussi presque une vie entière dans le temps de l'homme.

Le monde d'hier

D'ordinaire, quand on me demande si je suis
un survivant, je dis : oui. Certes, je n'ai pas
connu Auschwitz, ni Treblinka, ni Bergen-Belsen,
ni Maidanek, ni Sobibor. Mais toute ma vie, tout
ce que je pourrai jamais créer, aimer ou souffrir
sera marqué au sceau de cet événement-là, événement des événements.

Absurde, dira-t-on ? Impossible de sonder cette
histoire si je ne suis pas l'un de ces rescapés dont
les yeux aujourd'hui encore semblent être le
miroir de la cruauté humaine ? Si je n'ai pas senti
l'odeur de la chair brûlée imprégner ma chair ? Si
je n'ai pas traversé la «forêt obscure» ni, en ces
lieux maudits pour l'éternité, parcouru les «neuf
cercles de l'enfer» ? Pour n'avoir connu que la
guerre, le ghetto, la peur et la fuite, serais-je donc
condamné au silence ? Comme je comprends cet
« homme difficile» d'Hofmannsthal qui, enterré

vivant dans une tranchée pendant plusieurs heures, refusa pour toujours de parler. Ou le « Virgile » de Broch qui récusa le langage : le langage était resté indifférent à la terreur politique, et il avait répandu le mensonge. Comment ne pas partager la révolte de Canetti qui mit symboliquement le feu à la bibliothèque de Kien ? Et même le suicide, le vrai, de Stefan Zweig, et celui de Walter Benjamin ! Mais moi j'ai envie de vivre. Et de parler.

Si je n'ai pas vu mourir ces centaines de milliers d'enfants juifs dont je partageais la langue et les jeux, je les avais vus vivre. Et si je ne peux, comme Elie Wiesel en de déchirants ouvrages, me réconforter en faisant partager leurs souffrances, je peux en revanche rappeler combien leur absence nous a à jamais appauvris, comme nous sommes dépouillés de tout ce qu'ils auraient créé.

Je suis moi aussi un survivant. Non pas de l'enfer, mais d'un monde disparu. Celui du yiddish. Ce monde s'était installé il y a plus de mille ans aux portes des villes, à la lisière des champs, fécondant de son humus la terre autant que l'esprit. Strasbourg, Moscou, Odessa, Prague, Vienne, Berlin, Budapest, Varsovie, Vilnius : de l'Alsace à l'Oural, le yiddish était alors la langue de dix millions de personnes, une langue vivante dans laquelle des hommes, des femmes et des enfants écrivaient, chantaient, pleuraient, riaient, créaient et surtout rêvaient le salut de toute l'humanité. Lien indispensable entre l'Orient et l'Occident, entre les nations et l'Universel, une intelligence qui traversait toutes les recherches scientifiques et toutes les batailles politiques : ce monde, on avait fini par le croire immortel. Aujourd'hui, on ne retrouve ses traces que dans quelques cimetières abandonnés, sur les sites des camps ou dans les pages d'Isaac Bashevis-Singer, l'un de ses derniers et prestigieux témoins.

Si l'on ne s'est jamais penché sur cette civilisation-là, on ne peut comprendre ni *Le Monde d'hier* de Stefan Zweig, ni *La Lettre au père* de Kafka, ni cette étrange relation établie par-delà les frontières entre le Triestin Italo Svevo, le Viennois Arthur Schnitzler et le Pragois Max Brod. Et comment aimer cet arbre fabuleux de la culture, enraciné dans la Mittel Europa, si l'on ignore l'une de ses branches les plus généreuses ?

De ce monde disparu, je n'ai connu que Varsovie, ma ville natale. Sur près d'un million d'habitants, on y comptait avant la guerre plus de trois cent quatre-vingt mille Juifs, avec leurs restaurants et leurs journaux, leurs cinémas et leurs théâtres, leurs pauvres et leurs riches, leurs voleurs et leurs mendiants, leurs synagogues et leurs partis politiques, et leur langue donc, le yiddish, ma langue maternelle.

Les rues juives de Varsovie ressemblaient aux rues juives de toutes les villes d'Europe centrale : elles sentaient bon le pain au cumin et le hareng salé. Les gens vivaient accrochés à l'air du temps. Sur les places, les hommes commentaient à grands gestes les événements du jour. Les femmes, qui cachaient leurs cheveux sous des fichus colorés, lavaient leur linge dans d'immenses cours carrées, les petits enfants contre leurs jambes. Les adolescents se poursuivaient en riant, leurs papillotes dansant au rythme de la course. Dans la bousculade du marché où retentissaient les appels des vendeurs de journaux yiddish et les cris des volailles, je revois un vieux Juif bossu qui attendait depuis toujours un client pour ses trois tomates ratatinées.

Images tremblées. Surimpressions. Je revois la dernière manifestation du dernier 1er Mai d'avant la guerre. En tête du cortège du syndicat des imprimeurs, les Juifs religieux aux longues barbes et aux larges chapeaux noirs, parmi lesquels mon grand-père Abraham, levaient le poing en chantant *L'Internationale* en yiddish.

De ce monde englouti, de ces lieux détruits, de

ces êtres disparus, que reste-t-il hors la mémoire ? Mémoire de la vie plus indispensable que celle de la mort, que serais-je sans elle ? Sans elle, que deviendrais-je ? Seul vaut d'être conservé pour soi-même ce qui mérite de l'être pour autrui. Qui, demain, entretiendra sans fléchir cet édifice de sable éternellement menacé par le vent ?

La parole foudroyée

Avec Hannah Arendt on a souvent reproché aux Juifs des pays occupés leur passivité devant les nazis. Après la guerre, comme par souci de justification, les historiens juifs mirent presque exclusivement l'accent sur la révolte du ghetto de Varsovie, donnant ainsi le sentiment que les soixante mille révoltés d'avril-mai 1943 avaient sauvé l'honneur perdu des six millions de Juifs qui se seraient lâchement laissé mener à l'abattoir.

Dans un monde où depuis toujours la violence répond à la violence, où l'on chante les louanges de Bar-Kochba, Spartacus, Jeanne d'Arc, Garibaldi ou Kosciuszko, seule la révolte armée pouvait être comprise et appréciée.

Aussi a-t-on à peu près passé sous silence une forme de résistance que les Juifs ont développée à travers leur histoire et qui, pour être plus complexe et moins spectaculaire, commandée par leur éthique et imposée par leur situation de peuple dispersé, n'en fut pas moins efficace puisqu'elle leur aura permis de survivre à toutes les persécutions et à tous les exils. C'est une forme de résistance dont Bernanos, à la fois antisémite et admiratif, disait qu'elle consiste à tenir et à durer.

Lorsque le 2 octobre 1940 le gouverneur nazi Ludwig Fischer décréta la création du ghetto à Varsovie, les Juifs entreprirent immédiatement d'organiser un prodigieux réseau d'entraide médicale, sociale et culturelle dans l'espoir de rendre moins pénible la vie de ces cinq cent mille hommes, femmes et enfants entassés dans un quartier de la ville, initialement prévu pour quatre-vingt mille habitants.

Ghetto : périmètre d'une ville coupé du monde, sorte de léproserie dont les malades sont isolés en raison de leur appartenance au peuple juif. Cette idée est née un jour de l'an 1516 dans la cervelle d'un doge de Venise. A Varsovie, en 1940, le ghetto devint l'un des plus grands «cimetières de vivants», réserve pour un peuple condamné à disparaître. D'où la brusque curiosité anthropologique qui incita de nombreux Allemands à visiter le ghetto, dans un vaste mouvement touristique.

Des soldats et des officiers munis d'appareils photographiques venaient, souvent en compagnie de leurs familles, voir vivre les «sous-hommes».

Devant tant de cynisme et de bêtise, les Juifs ne se découragèrent pas. Ils entrèrent dans ce que j'appelle la première phase de la résistance. Celle de la parole. On put voir des groupuscules de langue allemande aller au-devant des bourreaux et leur parler. Peut-on imaginer la dose de courage et de dévouement nécessaires à pareil exercice ? Opposer le verbe à la violence. C'était là leur calcul, leur espoir. Six mois plus tard, Himmler, par décret spécial, interdisait aux soldats allemands de pénétrer dans le ghetto.

Faute d'interlocuteurs, les Juifs passèrent à la seconde phase de la résistance : le témoignage. L'historien Emmanuel Ringelblum raconte dans son Journal que, malgré la faim qui les taraudait et bien que se sachant condamnés, ses compagnons de malheur trouvèrent assez de force pour s'employer à rassembler tous les documents qui circulaient dans le ghetto : ils les lui remettaient afin que l'histoire continue de s'écrire. Pour que le mal de l'histoire ne soit pas effacé par l'histoire.

Cette détermination à rompre en silence le silence qui leur était imposé témoigne d'une rare audace et d'une non moins rare intelligence, d'une concience aiguë qu'avaient ces hommes et ces femmes de leur responsabilité face aux générations futures. Enfin, lorsque Emmanuel Ringelblum et ses collaborateurs, à qui l'on doit une documentation irremplaçable sur la vie quotidienne du ghetto, furent déportés à leur tour, les derniers survivants finirent par prendre les armes. Sans joie. Par manque de choix. *B'eïn Breïra*, comme on dit en hébreu. Montrant ainsi au monde, s'il en doutait, qu'eux, les Juifs, étaient, comme tous les hommes, capables de tuer.

La révolte du ghetto de Varsovie signait alors la troisième et dernière phase de la résistance juive contre les nazis.

Cette résistance en trois paliers, le troisième n'intervenant que lorsque les deux autres eurent été épuisés, reste pour moi la plus prodigieuse, la plus bouleversante et la plus morale des leçons.

Le ghetto de Varsovie demeure sans doute le symbole de la révolte juive armée contre le nazisme, mais il est avant tout le symbole de la résistance juive à l'oppression, à la persécution et à la mort, telle que des générations l'ont conçue et pratiquée tout au long des siècles.

Kaddish

Comment parler du ghetto de Varsovie sans évoquer mon grand-père Abraham ? C'est à lui que, cinquante ans après, je dédie cette brève et modeste incursion dans notre mémoire inquiète.

Une haute silhouette, papillotes et barbe blanche soigneusement peignée, regard sombre et gai à la fois, front large sous la calotte carrée, Abraham personnifiait toute la richesse de ce monde englouti.

Profondément religieux, il était familier du fameux rabbin de Guëre, chez qui il se rendait souvent pour de savantes disputes. Mais il était aussi sympathisant du Bund, le parti socialiste juif. Le vendredi, à l'imprimerie où je venais le chercher, je me rappelle les gestes qu'il avait pour nettoyer l'atelier, couvrir de feuilles de papier blanc les machines et les tables de composition, se laver les mains et les avant-bras avant de se mettre à prier avec les autres ouvriers, juifs, pieux et barbus comme lui.

Je me rappelle aussi que nous nous réunissions chez lui pour la Pâque juive, rue Nowolipje. Quand il quittait, très tard, la synagogue, nous étions tous là depuis longtemps. Il montait lentement l'escalier, toussotait à chaque palier pour bien s'annoncer. Nous, les enfants, cessions alors de nous poursuivre dans l'appartement, nos parents rajustaient notre tenue à la hâte et tout le monde s'installait autour de la grande table. Quand le patriarche ouvrait enfin la porte, il voyait sa famille au complet et son visage s'illuminait. Il ôtait son manteau, s'installait sur les coussins qu'on lui réservait et disait :

« Bonne fête ! »

La Pâque alors commençait.

Des années plus tard, j'ai tenté de reconstituer, dans un de mes livres, d'après quelques notes retrouvées après la guerre, quelques lettres envoyées à un ami, imprimeur catholique, quelques rares témoignages, son journal de ghetto.

Il est possible, il est même probable que ce journal ne corresponde pas, à la lettre, à celui qu'il a tenu pendant presque un an dans la cave de l'immeuble où il habitait, rue Nowolipje. Les événements dont il est question, en revanche, sont absolument authentiques. Et j'aurais tant aimé qu'un grand nombre de jeunes puissent méditer ce texte simple, court, et bouleversant. « Non seulement, comme le disait Hannah Arendt, parce que ces faits ont changé et empoisonné l'air même que nous respirons », mais aussi « parce qu'ils sont devenus l'expérience fondamentale de notre époque et sa détresse fondamentale. »

Les hommes et les femmes de la fin de ce siècle, de Sarajevo à Erevan, ne la démentiront pas.

Le journal d'Abraham

28 *avril 1942.* L'an 5702 après la création du monde par l'Éternel, béni soit-Il ! Comme je n'ai plus rien à faire, je vais écrire ici ce que peut vivre un vieil homme dans une cave, souhaitant que mon récit serve de témoignage, tout comme la chronique d'un autre Abraham, un de mes ancêtres, fils de Nomos, jadis dans la lointaine ville d'Hippone.

1er mai. Mordekhaï – puisse-t-il vivre cent vingt ans ! – m'a rapporté que les Juifs du ghetto sont en train de constituer des archives clandestines à l'intention des générations à venir. Mon pauvre cœur a bondi : «Enfin ils ont compris!»

3 mai. Selon les Proverbes, «l'espoir différé rend le cœur malade». Mon Dieu, faut-il s'étonner si les Juifs ont la nausée? On a cru hier que

Mussolini était mort. Ce n'était pas vrai. On a dit aussi que le Judenrat allait délivrer des centaines de visas pour la Palestine. Ausssitôt, des queues se sont formées devant l'immeuble du Conseil juif, des milliers de malheureux ont passé là, paraît-il, la nuit. Ce n'était pas vrai.

6 mai. C'est l'époque de Chavouoth! La fête du Don de la Loi. Selon Mordekhaï, c'est aussi la fête de la Moisson. Il languit après la Palestine et son kibboutz où sa femme l'attend. Les Polonais se sont vu interdire l'accès du jardin de Saxe. Qui pourrait y voir la main de la Providence?

7 mai. J'ai mal dormi. Les haloutzim de Mordekhaï, je le sais, ne me rapportent pas tout ce qui se passe dans le ghetto pour ne pas m'attrister. Mais Bailé, une cousine de Nathan, m'a raconté comment les nazis ont fait irruption dans le cimetière du ghetto et ont ordonné aux Juifs de former une ronde et de danser autour d'un chariot empli de cadavres nus. Cela a été filmé. «Reviens, Seigneur! Jusqu'à quand laisseras-Tu...? Aie pitié de Tes serviteurs!»

30 mai. Ezra, le fils aîné de Topcia, est malade. Le typhus peut-être... « Seigneur, aie pitié de Tes serviteurs ! »

31 mai. « Quand même le ciel serait du parchemin et quand même tous les roseaux seraient des plumes », je ne parviendrais pas à transmettre l'horreur que j'éprouve à écouter les jeunes gens me rapporter ce qu'ils voient. Des morts, des morts, des morts. Parfois des hurlements de malheureux résonnent jusqu'ici.

4 juin. Il paraît que les quarante mille Juifs de Lublin ont été ensevelis pour toujours. Que l'Éternel – béni soit Son nom ! – ait pitié de leurs âmes ! Les amis de Mordekhaï s'enferment maintenant tous les soirs avec moi. Leurs visages de deuil. Dehors : la destruction. Dedans : la terreur. « Seigneur, viens à notre secours ! »

17 juin. L'an 5702 après la création du monde par l'Éternel, béni soit-Il ! Jour de malheur. Cris le matin, lamentations le soir. Pourquoi ma tête n'est-elle pas de l'eau et mes yeux une source de pleurs ? Le fils aîné de Topcia, Ezra, a rendu l'âme au petit matin. Moshé, le second, l'a rejoint dans l'après-midi. Récompense-les selon leur innocence, ô mon Dieu, et sois-nous en aide pour l'amour de Ton nom !

24 juin. L'an 5702 après la création du monde par l'Éternel, béni soit-Il ! Durant une semaine, Topcia ma fille a pleuré son époux et ses enfants, elle a poussé des cris et des plaintes amères, puis, à la fin de la shiva, elle a été prise d'une violente émotion. « Pourquoi ? disait-elle. Pourquoi ? » Et elle s'est éteinte à son tour.

26 juin. L'an 5702 après la création du monde par l'Éternel, béni soit-Il ! Au cimetière de la rue Gesia, les ensevelissants étaient épuisés de fatigue et les officiants faisaient défaut. O Seigneur, pourquoi m'as-Tu fait sortir de ma caverne ? Malheur aux yeux qui ont vu ces corps couchés dans la poussière des rues ! Malheur aux yeux desséchés par la tristesse comme par le vent du désert ! Durer est notre victoire. Seule cette pensée m'aide à porter l'accablement de mon cœur.

1er juillet 1942. L'an 5702 après la création du monde par l'Éternel, béni soit-Il ! Combien de temps encore ? « Mon Dieu, je crie vers Toi et Tu ne réponds pas. » Je n'ai plus beaucoup de force. Chaque minute est comme mille ans, chaque jour comme une éternité. Je sais qu'approche l'heure où va s'éteindre la petite flamme de mon âme.

Mordekhaï et ses amis ont pris contact avec des Polonais pour leur acheter des armes. Ils ne me tiennent pas au courant de ce qu'ils font. Ils craignent que je m'y oppose. Que le Dieu tout-puissant nous aide à affronter cette nouvelle épreuve !

21 juillet. L'an 5702 après la création du monde par l'Éternel, béni soit-Il ! O Dieu grand et terrible ! C'était hier le neuvième jour du mois d'Av, jour anniversaire de la destruction du Temple. Plus aucun des miens n'était là pour écouter la lecture de notre livre familial. « Jusqu'au jour où les pierres du Temple, disjointes comme les bords de ce tissu, se rejoindront, puisse l'appel de ces noms que j'ai inscrits, et que d'autres inscriront après moi dans ce livre, déchirer le silence et, du fond du silence, réparer l'irréparable déchirure du Nom. Saint, Saint, Saint, Tu es l'Éternel ! Amen ! » Restera-t-il quelqu'un après moi ? Serai-je le dernier ? Hélas !

22 juillet. L'an 5702 après la création du monde par l'Éternel, béni soit-Il ! « Il y eut dix générations d'Adam à Noé, dit le *Traité des Pères*, pour faire connaître quelle est la longue patience de

Dieu, à voir comment toutes ces générations continuaient à Le provoquer, avant qu'Il les engloutît sous les flots du Déluge.» La longue patience de Dieu : voilà pourquoi le monde peut subsister malgré la présence du mal.

23 juillet. L'an 5702 après la création du monde par l'Éternel, béni soit-Il ! Czerniakow, le président du Judenrat, s'est donné la mort. Je me suis souvent rappelé la visite inutile que nous lui avions faite, Topcia et moi. «Dieu sait tout d'avance, disait Rabbi Akiba, mais le libre arbitre est donné à l'homme.» Dieu protège l'âme de Czerniakow !

11 août. L'an 5702 après la création du monde par l'Éternel, béni soit-Il ! Maintenant nous le savons : nous allons tous mourir. Après une trop longue interruption, nous avons décidé de faire à nouveau paraître *Yediess*. A quoi servirait désormais la prudence ? Aujourd'hui, nous avons titré sur toute la page : *11 août 1942. Le Juif Salbe, évadé de Treblinka, est arrivé à Varsovie. Il raconte : un baraquement, cinq minutes, des cris, un silence, des cadavres affreusement gonflés.*

10 septembre. L'an 5702 après la création du monde par l'Éternel, béni soit-Il! Demain Roch Hachana, premier jour de l'année 5702. Une gigantesque rafle a presque vidé le ghetto. Nathan, notre Nathan, qui m'était devenu comme un fils, a été pris. Il n'ira pas en Palestine. Mes yeux n'ont plus de larmes pour pleurer.

20 septembre. L'an 5703 après la création du monde par l'Éternel, béni soit-Il! Hier, Kippour. En ce jour terrible, la petite Bailé a été tuée par les brutes. Maintenant, de grâce, ô Seigneur des armées, Juge juste, fais que je voie Ta vengeance sur le tyran, car c'est à Toi que j'ai confié ma cause!

2 octobre. L'an 5703 après la création du monde par l'Éternel, béni soit-Il! Mordekhaï et Hersch sont allés, par le souterrain, du côté aryen. Ils ont acheté un revolver à sept coups qu'ils ont payé deux mille zlotys et quatre boîtes de dynamite pour cinq mille zlotys. Je leur avais remis toutes mes économies pour qu'ils achètent des armes. Car à présent tous les délais sont expirés.

Nous avons résisté comme nul ne l'avait fait avant nous : par le verbe que l'Éternel nous a

donné pour qu'il pénètre le cœur de nos bourreaux ; par le témoignage qui, si telle est la
volonté du Seigneur *Tsabaoth*, préservera notre
souffle parmi les nations pour l'éternité. Et maintenant – saint, saint, saint est Ton nom ! – il ne
nous reste que la mort à opposer à ceux qui portent la mort, l'épée à ceux qui frappent par l'épée,
afin que Ton nom, Seigneur, et le nom de Ton
peuple soient glorifiés à jamais ! Amen !

27 octobre. L'an 5703 après la création du
monde. Mordekhaï et ses amis ne quittent plus la
rue Mila, où se cache l'Organisation juive de
combat de Mordekhaï Anielewicz : des rescapés
de tout bord qui s'apprêtent à lancer la révolte. On
m'a donné une grenade et expliqué son manie-
ment. «Toi, Très Saint, dont le trône est entouré
des louanges d'Israël, c'est à Toi que se sont
confiés nos pères. Ils ont eu confiance et Tu les as
délivrés.» Pourquoi pas nous ? Pourquoi pas nous,
Seigneur ?

16 janvier. L'an 5703 après la création du
monde par l'Éternel, béni soit-Il ! Comme je
regrette de n'avoir pas imprimé une nouvelle édi-
tion du *Livre d'Abraham* pendant qu'il en était
encore temps. Chacun de mes enfants aurait eu le

sien, et je serais plus tranquille aujourd'hui. Car qui sait... ?

Je viens de relire quelques-unes de ces notes et ne me reconnais pas : le malheur nous change-t-il donc tant ?

17 janvier. L'an 5703 après la création du monde par l'Éternel, béni soit-Il ! L'Organisation juive de combat a décidé d'entrer en action demain. A la demande de Mordekhaï, j'ai imprimé un tract qui sera distribué cette nuit dans le ghetto : *Juifs ! L'occupant passe au second acte de notre extermination. N'allez pas passivement à la mort ! Défendez-vous ! Prenez la hache, la barre de fer, le couteau ! Barricadez-vous dans vos maisons ! Luttez !* J'en ai tiré une centaine à la main. Nous n'avons presque plus d'encre ni de papier. De grâce, ô Éternel, fais que nos persécuteurs soient châtiés, que ceux qui nous font périr finissent en enfer ! Amen !

18 janvier. L'an 5703 après la création du monde par l'Éternel, béni soit-Il ! Hersch est venu voir si j'avais besoin de quelque chose, que Dieu le bénisse ! Mordekhaï et ses camarades se trouvent maintenant au 58 de la rue Zamenhof. Ils sont prêts. Hersch m'a dit que les Allemands avaient vidé l'hôpital. Ils ont fusillé les malades et traîné les autres dans la neige jusqu'à Umschlagplatz.

Des coups de feu, des cris, une explosion. O Seigneur !

Le doute de Jérémie

Marek Edelman au téléphone, de Varsovie :
« Tu devrais venir pour la commémoration
du cinquantième anniversaire de la révolte du
ghetto... ce sera la dernière... »

La dernière, vraiment ?

Si le vieux survivant du ghetto, l'un des chefs
de la révolte, avait raison ? Si, les feux des projecteurs éteints sur présidents et ministres age-
nouillés devant le monument à la mémoire des
révoltés du ghetto, seuls les Juifs restaient dans le
noir à réciter le Kaddish ?

D'un coup, je comprends l'angoisse de ceux
qui ont pressenti le désastre, mais aussi son oubli :
un Kraus dans *Les derniers jours de l'humanité*,
un Broch dans *La mort de Virgile* et surtout cet

apologue antique que j'ai redécouvert récemment dans un livre de Gérard Haddad :

« L'oracle de Delphes apprit un jour à Socrate qu'un certain Jérémie de Judée le précédait dans l'ordre de la sagesse. Le philosophe grec se rendit aussitôt à Jérusalem où il rencontra un vieillard en haillons qui se lamentait sur les ruines d'un Temple. A Socrate qui s'étonnait de voir l'homme le plus sage sous les cieux verser des larmes sur un édifice de pierre et de bois, le prophète répondit qu'en ce lieu seul sa tristesse s'évanouissait et que depuis sa destruction un sentiment inconnu s'était emparé de son âme.

– Lequel ? demanda Socrate.

– Le doute, répondit Jérémie. »

Et si le coup de fil de Marek Edelman, l'un des derniers témoins du désastre toujours assis sur les ruines de la vie juive d'Europe centrale, était l'expression de ce doute-là ?

La nuit d'après la nuit

Je me souviens : en 1946, nous rentrions en Pologne, mes parents et moi, quittant la Russie où nous nous étions réfugiés. En route, notre train fut attaqué par des paysans polonais. Ils nous jetaient des pierres et nous injuriaient : « Sales Juifs ! Foutez le camp ! Dehors les Juifs ! Plus de Juifs chez nous ! »

Puis nous nous sommes installés à Lodz, le Manchester polonais. Il fallut nous organiser en groupes d'autodéfense contre les manifestations antisémites. Nous allions, par exemple, à la sortie des écoles protéger les gosses juifs contre les bandes qui les attaquaient. Cela finissait souvent en batailles rangées, à coups de bâton et de tessons de bouteille.

Il devenait de plus en plus pénible pour les enfants juifs de fréquenter les écoles polonaises. Aussi, dès que le gouvernement autorisa l'ouverture d'un lycée juif, je m'y inscrivis avec les autres. C'était le lycée I.L.-Peretz, du nom de l'écrivain yiddish. Nous y discutions beaucoup. Je me rappelle surtout ce que nous disait notre professeur d'histoire : «Je ne vous demande pas de vous rappeler la date des événements, mais d'essayer de comprendre pourquoi ils ont pu avoir lieu.»

Comprendre, je ne demandais que cela. J'étais à l'âge où l'on commence à se forger des convictions. L'antisémitisme ne me surprenait pas, mais je ne m'y résignais pas pour autant. Un jour, pour l'inauguration du monument élevé à la mémoire des combattants du ghetto de Varsovie, nous avons organisé une marche dans la ville. Par trains et par camions spéciaux, nous avons fait venir tous les survivants des trois millions et demi de Juifs de Pologne : soixante-quinze mille rescapés des camps et des maquis – un sur quarante.

C'était en mai. Il faisait beau et le soleil brillait dans les vitres cassées des quelques façades encore debout. On avait déblayé un passage dans les rues dévastées. Nous marchions à travers les ruines de l'immense cimetière qu'était devenue Varsovie. Je me rappelle ce silence, que coupaient seuls le bruit de nos pas et le claquement des drapeaux – des drapeaux rouges, des drapeaux bleu et blanc. Des deux côtés de la rue, des Polonais nous regardaient passer. Ils semblaient surpris que nous ne fussions pas tous morts. Parfois, ils crachaient devant eux, dans la poussière. Parfois nous entendions : «Comme des rats! Ils sont comme des rats! On a beau les tuer tous, ils sont toujours là!» Réflexions de certains, étouffées par les protestations d'autres. Nous serrions les poings mais la consigne était de ne pas répondre. La consigne, c'était le silence.

J'étais dans le groupe de tête et je portais un grand drapeau rouge trop lourd pour moi. Face à ces gens tranquillement installés sur ce qui restait de nos maisons, cages d'escaliers, pans de murs, cheminées calcinées, j'avais envie de chanter le chant des maquisards juifs :

> *Du pays des palmiers*
> *Et de celui des neiges blanches*
> *Nous venons avec notre misère*
> *Notre souffrance.*
> *Ne dis jamais*
> *Que tu vas ton dernier chemin.*
> *Le ciel plombé*
> *Cache le bleu du jour.*
> *Notre heure viendra*
> *Notre pas résonnera*
> *Nous sommes là.*

Nos pas résonnaient. Et nous étions là. Près de moi un jeune officier juif de l'Armée rouge lâcha une rafale de mitraillette en l'air. Des policiers s'approchèrent : «Ce sont nos souvenirs qui explosent!» répondit tristement l'officier, et la colonne repartit dans le raclement des gravats. Moi, je suis resté. Pour parler à ces hommes et à ces femmes qui ne m'aimaient pas. Je refusais la haine et je n'admettais pas leurs arguments. Ce fut l'un des premiers «déballages» judéo-polonais d'après-guerre.

La mémoire naufragée

Quand Joseph Hacohen, un médecin juif d'Avignon, achève en 1575 la rédaction de *La Vallée des pleurs*, une chronique des souffrances d'Israël depuis la dispersion jusqu'au XVIe siècle, un autre témoin, anonyme celui-là, prend la plume pour poursuivre son œuvre. En guise d'introduction, il écrit quelques phrases aussi étranges que bouleversantes : «Dans le premier chapitre du traité Shabbat, il est dit : "Les rabbins enseignaient : *Qui a écrit le Livre du Jeûne ? Hanania et ses collègues, qui trouvaient du charme à la peinture des malheurs d'Israël.*"

"Pour nous aussi, fit observer rabbi Simeon ben Gamaliel, la relation de tant d'épreuves a de l'attrait, mais que faire ? Nous l'entreprendrions que nous n'y suffirions pas." Voilà pourquoi j'ai résolu, écrit encore ce scribe anonyme, de consigner dans ce livre tout ce qui est arrivé aux Juifs depuis que cet autre Joseph a terminé sa chronique jusqu'à ce jour, afin d'accomplir le précepte : afin que tu racontes aux oreilles de ton fils et de ton petit-fils. »

Certes, notre tâche est de transmettre, mais le savoir du mal nous préserve-t-il de son retour ? Connaître une maladie empêche-t-il de tomber malade ? Non, bien sûr. La preuve : selon un récent sondage, 32 % des Allemands considèrent que les Juifs portent une part de responsabilité dans l'Holocauste. 40 % des Polonais préféreraient ne pas avoir un Juif pour voisin. 66 % des Italiens pensent que leurs concitoyens juifs sont différents d'eux. Et, en ex-Yougoslavie, on met en œuvre une purification ethnique. Nous avons fait, me semble-t-il, une faute d'appréciation : nous avons cru qu'il suffisait de montrer l'horreur, la souffrance des victimes, pour faire pencher toute une humanité vers la tolérance, et lui faire prendre en dégoût la violence. En somme, que les hommes étaient naturellement bons, mais ignorants. Or, nous découvrons que le bourreau fascine autant que les victimes, que le mal attire autant que le bien.

Alors, que nous reste-t-il pour nous préserver des dangers qui se profilent à l'horizon du millénaire ? Interdire ? Emprisonner ?

J'exagère ? Aurait-on oublié que le premier acte du fils d'Adam et Ève, nos ancêtres, fut de tuer son frère ? Acte fou d'un innocent ? D'un enfant ignorant encore la Loi ? Non, Caïn cache son forfait : il sait donc qu'il a fait le mal.

L'écrivain allemand Martin Walser ne veut pas que l'on appelle les jeunes racistes allemands « néo-nazis », de crainte qu'ils ne reprennent le mot à leur compte. « Aujourd'hui, ces skinheads allemands sont dépourvus d'une idéologie quelconque », dit-il. Peut-être Martin Walser n'a-t-il pas tort de refuser d'accoler le terme de nazi aux skins. Peut-être ceux-ci ne revêtent-ils les insignes et ne reproduisent-ils les comportements d'une période honnie que par provocation, pour signifier, à une société dont ils se sentent rejetés, leur refus de ses valeurs : ils se veulent irrécupérables. Mais dans les années 20-30, la jeunesse, devenue par la suite hitlérienne, n'avait-elle pas les mêmes motivations, sinon les mêmes modèles ? En tout cas, nous voilà prévenus. Pour ma part, je partage la sombre et prophétique réflexion de Richard von Weiszäcker, président de la République allemande, selon qui « la république de Weimar a sombré non parce qu'il y eut trop de nazis, mais parce qu'il y eut trop peu de démocrates ».

Les événements récents confirment ce que les

Sages répètent depuis des siècles : la mémoire est une borne, un enseignement. Il nous incombe de l'entretenir non comme une plainte ou une accusation, mais comme une référence didactique. Si la plupart des civilisations ont intériorisé les commandements judéo-chrétiens : « Aime ton prochain » et « Tu ne tueras point », il reste que toute transgression aux droits de l'homme doit s'accompagner de sanctions.

Chaque société organisée dispose d'un arsenal de lois à mettre en œuvre à la moindre alerte, sans exception et sans délai. Pascal disait que « la justice sans la force était impuissante », mais que « la force sans la justice était tyrannique ». Aussi proposait-il de « mettre ensemble la justice et la force ; et pour cela faire que ce qui est juste soit fort ou que ce qui est fort soit juste ». Autrement dit, il ne s'agit pas pour nous de changer la nature de l'homme, mais de protéger l'homme contre sa propre nature.

Les archivistes
du Dr Ringelblum

A chaque époque, un événement singulier, ou le souvenir d'un événement singulier, nous amène à découvrir un nouvel aspect de la condition humaine, nous contraignant à nous redéfinir face à l'amour, à la mort, à autrui. Cet événement, le destin me l'a fait connaître dès ma tendre enfance : l'anéantissement d'un monde. Le mien. Certes, je n'étais pas seul à l'habiter, et personne ne m'a chargé d'en cultiver le souvenir. Personne, sauf ma conscience.

Certains croient qu'il est facile de témoigner d'une époque, qu'il suffit de présenter les faits aux hommes intègres pour les faire admettre. Hélas, il n'en est rien. Le vrai témoin sait à quel point la transcription de la réalité est vulnérable, de la vie quotidienne aux grands drames de l'humanité. Tout événement, tout fait historique peut être modifié par des contrevérités, par des oublis volontaires ou non, par des propagandes de fanatiques obéissant aux intérêts d'un parti, d'un État, d'une religion ou d'une passion. Il peut être rejeté, gommé, ou soigneusement caché dans les greniers de l'histoire d'une idéologie. Enfin, il peut être carrément nié comme l'est Auschwitz, dont le souvenir est souillé par un doute abject.

L'indignation, l'appel à la conscience ne suffisent pas pour rétablir la vérité. Afin que l'histoire reste dans l'Histoire, il faut une persévérance sans faille et la dévotion absolue des témoins.

Emmanuel Ringelblum est l'exemple même de cette dévotion. L'archiviste du ghetto de Varsovie note à la veille de sa mort : «Chacun de mes collaborateurs sait que son effort, sa peine, ses souffrances, les risques auxquels il s'expose servent un idéal élevé, et qu'aux jours de la liberté reconquise la société appréciera son dévouement.»

Si nous n'ignorons rien de la vie quotidienne du ghetto de Varsovie, de ses luttes et de ses peines, c'est grâce à lui. Et pourtant, je crains que cela ne suffise pas à forcer les portes de l'histoire universelle, et que ces événements, les plus dramatiques du siècle, ne demeurent à jamais que dans la mémoire juive. Je crains que le témoignage d'Emmanuel Ringelblum ne constitue qu'un chapitre de plus, après ceux de Joseph

Hacohen, Samuel Usque et Nathan Hannover, dans le monumental livre de la martyrologie juive.

A vrai dire je l'avais toujours redouté, mais je préférais ne pas trop y penser. Pour survivre, il fallait avaler l'idée que le bien triomphe du mal, que l'histoire ne connaît qu'un seul chemin, celui des progrès de la civilisation, et que cette avancée dépend de la capacité des hommes à apprendre du passé. D'où l'appel constant à la mémoire. Or, hormis une brève période de dénazification en Allemagne, d'épuration chez nous, avons-nous assisté à la condamnation en France du fascisme français, du rexisme en Belgique, etc. ? Où donc les jeunes nés après la guerre auraient-ils appris à se préserver du retour du mal ? On leur enseignait que le mal n'avait jamais séjourné chez nous, sauf sous l'Occupation, importé par l'étranger. Cet argument ne pouvait pas les rendre vigilants. En revanche, il risquait de les rendre chauvins.

Et il m'arrive de désespérer car, s'il est vrai que l'on n'a jamais autant évoqué le mot mémoire, il est vrai aussi que cette mémoire se parcellise constamment et que chaque groupe humain tente aujourd'hui d'en détacher la part de sa propre souffrance pour l'opposer à celle des autres.

Aussi, ai-je fini par me demander si nous n'avions pas commis là une autre erreur : peut-être n'avons-nous pas assez associé les non-Juifs au décryptage de ces terribles événements ? Peut-être n'avons-nous pas assez recherché leurs témoignages ? Et, par exemple, avons-nous jamais tenté de retrouver ce groupe de résistants catholiques polonais qui, lors de la révolte du ghetto de Varsovie, écrivait : « Le massacre de milliers de gens sans défense s'accomplit au milieu d'un silence hostile et général... Les Juifs qui meurent se trouvent entourés uniquement par des Pilate qui se lavent les mains... Nous ne voulons pas être des Pilate... Nous protestons du fond de nos cœurs, pleins de pitié, d'indignation et de terreur... » ?

Tzedek ou la banalité du bien

Pour les Juifs de l'après-Auschwitz, le judaïsme ne pouvait être marqué que par la désespérance. Mais la désespérance peut aussi bien annoncer un déclin que la foi dans la liberté et la survie. Comment pourrait-il en être autrement pour un peuple échappé par miracle à la destruction?

En effet, le désastre de la Shoah et son ombre portée sur la pensée, la conscience et le comportement des Juifs ne peuvent se comparer qu'à la tentative d'anéantissement du peuple juif en Égypte à l'époque des pharaons et à la libération qui s'en est suivie.

Il n'est donc pas étonnant que cette histoire ancienne soit encore fêtée tous les ans à Pâque au nom de la liberté. La liberté des Juifs, si chèrement acquise, comme aussi celle des autres. De tous les autres. « Vous traiterez l'étranger en séjour parmi vous comme un indigène au milieu de vous ; vous l'aimerez comme vous-mêmes car vous avez été étrangers dans le pays d'Égypte. »

Le Juif, ancien esclave qui a survécu par miracle, sait qu'il ne peut rester libre dans un monde qui ne l'est pas. C'est ainsi qu'il introduit par ses textes l'idée de libération universelle. Parce que l'esclavage est physiquement insupportable, mais plus essentiellement parce qu'il est contraire à la Loi.

Or, enfermés dans notre douleur, nous nous sommes intéressés au monde pour le blâmer, le condamner. Non sans raison. Mais nous avons oublié cet autre monde qui a existé aussi, celui de la dignité et de l'honneur. Je veux parler de ces hommes et de ces femmes qui, au péril de leur vie, ont sauvé des milliers de vies juives. Je sais que leur action ne diminue en rien l'infamie de ceux qui ont tué ou qui ont laissé faire, à la limite, elle les rend plus infâmes encore. Car si des hommes ont tendu la main à d'autres hommes, pourquoi d'autres ne l'ont-ils pas fait ? N'est-ce pas la preuve que la démarche était possible, que l'apathie n'était pas inévitable et qu'il ne pesait aucune fatalité sur ces millions d'hommes et de femmes dont la chair, à

Auschwitz et Maidanek, fut transformée en cendres et en fumée?

Oui, il aurait fallu le dire depuis longtemps et plus fort encore que nous le faisons aujourd'hui : il y eut des individus pour nous permettre de ne pas désespérer de l'humanité. Et, si j'en suis si soucieux, c'est qu'ils sont les seuls exemples positifs de cette période de notre histoire. Hommes et femmes auxquels les jeunes non-Juifs pourraient s'identifier. Il est urgent de les associer à la transmission de notre mémoire.

Je me souviens, dans le ghetto, coupés du monde par un mur d'hostilités et la menace de la mort, les Juifs continuaient à espérer. Certains attendaient Dieu, d'autres attendaient l'aide des hommes. Nous ayant donné une fois pour toutes la connaissance du bien et du mal, ainsi qu'une conscience avec laquelle nous devons nous arranger, Dieu n'avait pas à se manifester. Le désespoir est venu de l'absence des hommes, d'une main secourable, d'un mot de soutien. « Le monde repose sur trente-six justes », dit rabbi Abayé dans le Talmud. « Sur dix-huit mille », dit rabbi Rabba. Et Pascal réduit ce nombre à neuf mille. Oui, le monde ne peut exister sans eux. Aussi, après avoir bataillé pour bien des causes, me suis-je décidé à partir à leur recherche. Leurs témoignages feront partie d'un film : *Tzedek*. En hébreu : Justice et charité.

Pourquoi n'ai-je pas songé plus tôt à cette part de notre mémoire ? Pourquoi ai-je attendu si long-temps pour retracer l'action de ces justes, pour raconter leur histoire ? Peut-être étais-je comme tous les Juifs, persuadé que notre témoignage suf-firait ? Peut-être considérais-je que le monde entier, sans exception, était coupable.

Cinquante ans ont passé. Le temps pour deux générations de naître. Le temps pour les témoins de disparaître. Aujourd'hui n'est-il pas venu le temps d'intégrer la mémoire, toute la mémoire, à l'histoire ? Oui, bien sûr, mais cela suffira-t-il à nous protéger de nous-mêmes ? Pour un temps peut-être.

« Souviens-toi » : la Bible en appelle cent soixante-neuf fois à la mémoire. C'est que les Sages, la tenant pour le seul antidote contre le mal, n'ignoraient pas sa fragilité.

Il nous incombe peut-être, avant de franchir le siècle, de reprendre à notre compte ce rappel incessant.

Quelques ouvrages
sur le ghetto de Varsovie

B. BASKIND, *La grande épouvante, souvenirs d'un rescapé du ghetto de Varsovie*, Calmann-Lévy, 1945.

M. BERG, *Le ghetto de Varsovie*, Albin Michel, 1947.

M. BORWICZ, *L'insurrection du ghetto de Varsovie*, Gallimard, 1972.

Collectif, *Le soulèvement du ghetto de Varsovie et son impact en Pologne et en France*, CDJC, 1984.

Les Temps modernes, n° 550, mai 1992, « Le Journal du ghetto de Varsovie » d'Adam Czerniakow, Gallimard.

M. EDELMAN et H. KRALL, *Mémoires du ghetto de Varsovie : un dirigeant de l'insurrection raconte*, Scribe,1983.

M. GRAY, *Au nom de tous les miens*, Robert Laffont, 1983.

S. GRAYEK, *L'insurrection du ghetto de Varsovie*, FOJ, 1976.

J. HEYDECKER, *Un soldat allemand dans le ghetto de Varsovie* : 1941, Denoël, 1986.

S. HOFFENBERG, *Le camp de Poniatowa : la liquidation des derniers Juifs de Varsovie*, Bibliophane, 1988.

C. KAPLAN, *Chronique d'une agonie. Journal du ghetto de Varsovie*, Calmann-Lévy, 1966.

I. KATZENELSON, *Le chant du peuple juif massacré*.

J. KORCZAK, *La Gloire*, Flammarion-Père Castor, 1991.

La Mémoire inquiète

Le droit de l'enfant au respect suivi du *Journal du ghetto*, Robert Laffont, 1982.

A. LEWIN, *Journal du ghetto de Varsovie*, Plon, 1990.

Z. LUBETKIN, *In the Days of Destruction and Revolt*, Ghetto Fighters' House, 1980.

M. MAZOR, *La cité engloutie : souvenirs du ghetto de Varsovie*, CDJC, 1955.

H. MICHEL, *Et Varsovie fut détruite*, Albin Michel, 1984.

E. RINGELBLUM, *Chronique du ghetto de Varsovie*, version française de Léon Poliakov, Robert Laffont, 1959.

J.M. RYMKIEWICZ, *La dernière gare, Umschlagplatz*, Robert Laffont, 1989.

L. URIS, *Mila 18*, Robert Laffont, 1962.

Dr ZAIDMAN, *Le journal du ghetto de Varsovie*, Buenos Aires, 1947 (en yiddish).